자존감을 높이기 위해 해본 일들

나를 사랑하고 싶어

와타나베 폰 지음
김민아 옮김

BULGOMBOOKS

프롤로그 휴대폰은 나의 방패

들어가며

저는 어렸을 때부터
스스로를 사랑하지 못해
자주 우울하곤 했습니다

즐거운 일이나 기쁜 일이 생겨도
금세 '어차피 나 같은 게...'
하는 생각에 침울해지고

어차피 나는 구제불능이니까
어쩔 수 없다고
생각했습니다

하지만 그런 제가 줄곧
마음속에 숨겨두었던 생각은

'언젠가는
나를 사랑하고 싶다'

는 것이었습니다

조금 무거운 내용도 있으므로
읽다가 지치면
한 번쯤 책을 덮고
쉬어가며 읽어주세요

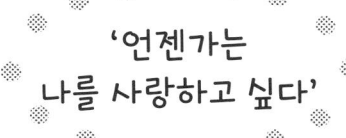

목 차

002 　프롤로그
　　　휴대폰은 나의 방패

006 　들어가며

011 　[제 1 화] **아픈 기억**

017 　[제 2 화] **이제라도 달라질 수 있을까?**

018 　[제 3 화] **어렸을 때 하지 못 했던 것**

034 　[제 4 화] **금색 손목시계의 추억**

043 　[제 5 화] **어렸을 때 하고 싶었던 것**

051 [제 6 화] **어른이 된 후, 철봉 뒤로 돌기**

060 [제 7 화] **칭찬을 믿어보자**

068 [제 8 화] **첫 라이브**

079 [제 9 화] **유행을 따르지 않는 이유**

088 [제 10 화] **누군가를 용서해야만 행복할 수 있나요**

097 [제 11 화] **좋았던 기억이 떠올랐다**

105 에필로그
나를 사랑한다는 것

110 마치며

[제 1 화] 아픈 기억

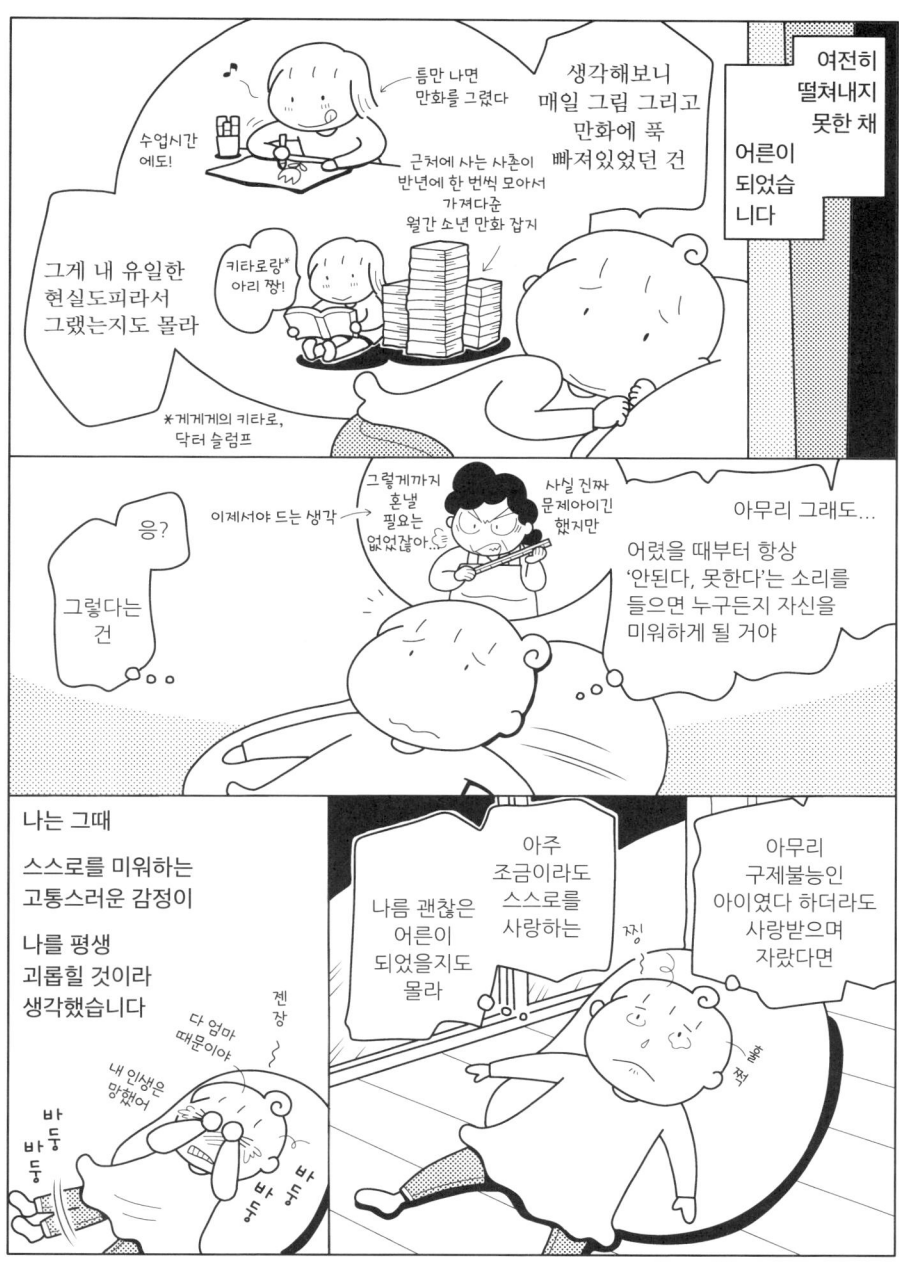

[제 2 화] 이제라도 달라질 수 있을까?

[제 2 화] 이제라도 달라질 수 있을까?

[제4화] 금색 손목시계의 추억

[제 4 화] 금색 손목시계의 추억

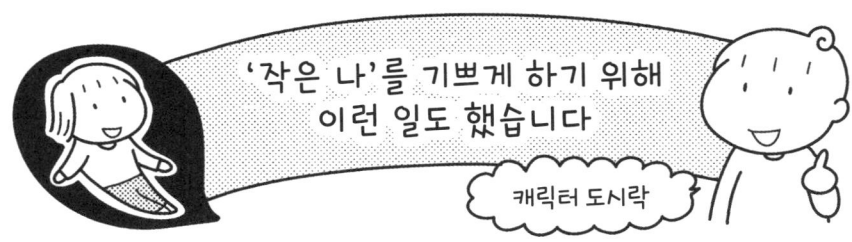

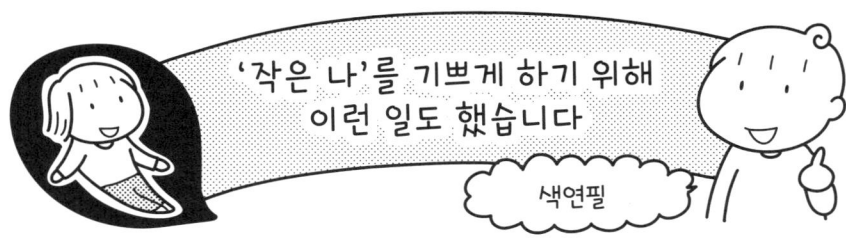

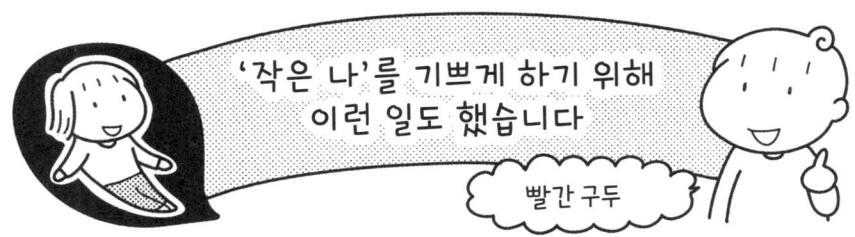

[제 7 화] **칭찬을 믿어보자**

[제 8 화] **첫 라이브**

'작은 나'를 기쁘게 하기 위해 이런 일도 했습니다

가족사진

어렸을 때 사진도 몇 장 없습니다

가족여행이나 돌잔치 같은 행사를 한 적도 없습니다

나는 앨범이 없습니다

어차피 앨범 같은 거 만들어봤자
나도 잘 안 보고 추억 같은 거 아무짝에도 쓸모없어

그래서 그런지 모르겠지만

라고 생각했습니다

그래도 하루는 남편과 함께 외출했을 때 가족사진을 찍어봤더니

추억을 소중히 한다는 건 나를 소중히 하는 것과 같은 의미구나

데이터로 저장

이렇게 찍은 사진을 자주 보지는 않겠지만 가끔 보는 것도 좋다고 생각하게 되었습니다

아 맞아 이때 자전거 빌려서 같이 탔었지

[제9화] 유행을 따르지 않는 이유

[제 9 화] 유행을 따르지 않는 이유

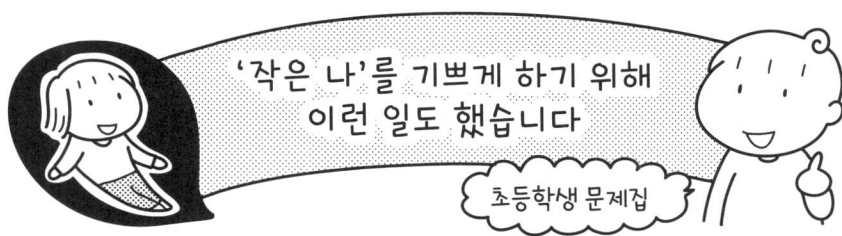

[제 10 화] 누군가를 용서해야만 행복할 수 있나요

[제 10 화] 누군가를 용서해야만 행복할 수 있나요

[제 11 화] 좋았던 기억이 떠올랐다

에필로그 **나를 사랑한다는 것**

에필로그 나를 사랑한다는 것

에필로그 **나를 사랑한다는 것**

마치며

이 책을 마지막까지 읽어주셔서 감사합니다!

지금까지 항상 저의 실제 경험을 바탕으로 만화를 그려왔지만, 이 책만큼 그리기 힘들었던 적은 없었습니다. 표현과 감정이 흘러넘쳐서 정리되지 않거나 반대로 어떤 말로도 표현할 수 없어 말문이 막히기도 하고…
스스로 극복했다고 생각했던 과거도 새삼 다시 마주하니 아직까지도 그 감정에 휘둘리고 있다는 사실에 놀랐습니다. 그만큼 어렸을 때의 기억은 오랫동안 마음에 남는 법이죠.
자신을 사랑하고 싶지만 좀처럼 행동으로 옮기지 못해 아픈 기억을 그대로 떠안은 채 살아가는 분도 있으리라 생각합니다. 먼저 무리하지 말고, 내 몸과 마음을 소중히 여기며 만화 속에 등장하는 재즈 선생님의 '나만이라도 나의 편이 되어주자'는 말씀을 머릿속 한구석에라도 좋으니 떠올려주면 좋겠습니다.

마지막으로 이 작품을 그리며, 저를 도와주고 지지해주신 가족들과 친구들, 즐거운 마음으로 기다려주신 독자님들, 항상 넓은 마음으로 이해해주시는 편집 담당 버님. 모두 감사드립니다.

옮긴이의 말

이 책은 스스로의 존재와 가치에 대해 의문을 가지고 마음이 가장 곤두박질쳤던 시기에 발견한 책입니다. 덕분에 더욱 깊은 공감을 할 수 있었고, 번역을 함으로써 더 많은 사람에게 이 이야기를 전하고 싶었습니다.

우리는 살아가면서 다양한 사람을 만나고, 여러 상황 속에 처합니다. 그 과정에서 많은 영향을 받고, 어떨 때는 자존감을 갉아먹기도 합니다. 움츠러들고, 견뎌내지 못하는 스스로가 한심했던 적이 있지 않나요? 드넓은 이 우주에서 '나'는 그저 한 톨의 먼지보다도 못한 존재라고 생각한 적도 있을 것입니다. 만약 지금까지 없었다 하더라도 앞으로도 절대 없을 거라고는 장담할 수 없겠죠.

하지만 그런 상황을 억지로 씩씩하게 이겨내려고 애쓸 필요도, 괜히 시무룩해져 스스로를 괴롭히고 자책할 필요도 없습니다. 그저 그 상황과 '나,' 둘만 놓고서 그 속에 있는 '나'를 그 자체로 받아들이고, 마주하고, 인정하는 것에서부터 시작하면 됩니다. 이 만화의 주인공처럼요. 말처럼 쉬운 일은 절대 아니겠지만, 이 책을 읽은 순간 그 첫걸음을 뗀 겁니다.

이 세상에 완벽한 사람이 어디 있겠어요. 어제보다 먼지 한 톨 만큼이라도 더 나은 '나'의 내일을 만들고, 그 속에서 '나'를 키워가는 과정이 인생이니까요. 이왕 사는 거, 우리 '나'라는 이 까다로운 아이를 한번 잘 키워보자고요.

자존감을 높이기 위해 해본 일들
나를 사랑하고 싶어

발 행	2020년 10월 30일 초판 1쇄
지 은 이	와타나베 폰
옮 긴 이	김민아
발 행 인	이호열
본 부 장	박종관
편 집 장	박선목
책임디자인	신명주
수석디자인	이은주
펴 낸 곳	볼곰북스
주 소	서울시 강남구 봉은사로 33길 14 2층
전 화	02-541-4625
ISBN	979-11-967466-0-5 [07830]
CIP제어번호	CIP2019025258

값 12,000원

Special thanks to

안유영 김선민 손영성 이상헌 윤순호 최용규 지호근 김리연 박정민
김영식 이형록 박수림 정영무 이은주 오주현 정은영 황영진 김선민
이용주 서은령 이동욱 고광석 김상학 마영설 박상언 김진수 박미선
김태우 이영갑 홍성범 황선태 김성권 이은진 윤홍민 임원택 이재하
이병창 이승훈 권신희 박세관 박소영 김동권 김묘수

JIBUN WO SUKINI NARITAI. Copyright© Watanabepon 2018
Korean translation rights arranged with GENTOSHA INC.
through Japan UNI Agency, Inc., Tokyo

이 책의 한국어판 저작권은 일본 유니에이전시를 통한 저작권자와의 독점계약으로 볼곰북스에서 출간되었습니다.
저작권법에 의하여 한국 내에서 보호를 받는 저작물이므로 무단전재와 무단복제를 금합니다.

이 도서의 국립중앙도서관 출판예정도서목록(CIP)은 서지정보유통지원시스템 홈페이지(http://seoji.nl.go.kr)와
국가자료종합목록 구축시스템(http://kolis-net.nl.go.kr)에서 이용하실 수 있습니다.